Liderazgo

Habilidades Supremas Para Ser Un Líder Eficaz
Para Influenciar Y Tomar Buenas Decisiones

(Guía De Gestión Para Ser Grandioso
Influenciando Y Comunicando)

Leal Valle

Publicado Por Daniel Heath

© **Leal Valle**

Todos los derechos reservados

Liderazgo: Habilidades Supremas Para Ser Un Líder Eficaz Para Influenciar Y Tomar Buenas Decisiones (Guía De Gestión Para Ser Grandioso Influenciando Y Comunicando)

ISBN 978-1-989808-25-2

Este documento está orientado a proporcionar información exacta y confiable con respecto al tema y asunto que trata. La publicación se vende con la idea de que el editor no esté obligado a prestar contabilidad, permitida oficialmente, u otros servicios cualificados. Si se necesita asesoramiento, legal o profesional, debería solicitar a una persona con experiencia en la profesión.

Desde una Declaración de Principios aceptada y aprobada tanto por un comité de la American Bar Association (el Colegio de Abogados de Estados Unidos) como por un comité de editores y asociaciones.

No se permite la reproducción, duplicado o transmisión de cualquier parte de este documento en cualquier medio electrónico o formato impreso. Se prohíbe de forma estricta la grabación de esta publicación así como tampoco se permite cualquier almacenamiento de este documento sin permiso escrito del editor. Todos los derechos reservados.

Se establece que la información que contiene este documento es veraz y coherente, ya que cualquier responsabilidad, en términos de falta de atención o de otro tipo, por el uso o abuso de cualquier política, proceso o dirección contenida en este documento será responsabilidad exclusiva y absoluta del lector receptor. Bajo ninguna circunstancia se hará responsable o culpable de forma legal al editor por cualquier reparación, daños o pérdida monetaria debido a la información aquí contenida, ya sea de forma directa o indirectamente.

Los respectivos autores son propietarios de todos los derechos de autor que no están en posesión del editor.

La información aquí contenida se ofrece únicamente con fines informativos y, como tal, es universal. La presentación de la información se realiza sin contrato ni ningún tipo de garantía.

Las marcas registradas utilizadas son sin ningún tipo de consentimiento y la publicación de la marca registrada es sin el permiso o respaldo del propietario de esta. Todas las marcas registradas y demás marcas incluidas en este libro son solo para fines de aclaración y son propiedad de los mismos propietarios, no están afiliadas a este documento.

TABLA DE CONTENIDO

Parte 1 1

Introducción 2

Capítulo Uno: Construyendo Tu Confianza 5

ETAPA UNO: TRATANDO CON LA INSEGURIDAD. 8
ETAPA DOS: DEJAR DE COMPETIR POR VALIDACIÓN. 11
TERCERA ETAPA: MENTE, CUERPO Y ALMA - LOGRAR EL EQUILIBRIO. 12
ETAPA CUATRO: CÓMO MEJORAR TUS HABILIDADES SOCIALES 13
ETAPA CINCO: AUTOCONFIANZA EN EL TRABAJO. 14
ETAPA SEIS: CÓMO USAR EL LENGUAJE CORPORAL PARA INTERACTUAR.
.... 15
ETAPA SIETE: SOCIALIZAR COMO UN PROFESIONAL. 15

Capítulo Dos: Tratando Con La Inseguridad 17

EL PERDÓN 20

Capítulo Tres: Deshaciéndote De Tu Miedo A La Autoexpresión 22

DISCULPÁNDOSE 26
FINGIR 27
NEUTRALIDAD 29

Capítulo Cuatro: Preparándote Con Tu Mente, Cuerpo Y Alma. 31

Capítulo Cinco: Comunícate Como Líder. 35

Capítulo Seis: Habilidades De Liderazgo En El Trabajo. 40

EXPERIENCIA 101 41
ASERTIVIDAD 101 44
SI DESEAS SER MÁS CREÍBLE Y DESEAS QUE TU OPINIÓN SE TOME EN
SERIO, ASEGÚRATE DE EVITAR USAR LAS SIGUIENTES PALABRAS: 46
EN SU LUGAR, REEMPLAZA ESTAS PALABRAS CON LAS SIGUIENTES
PALABRAS O FRASES A UTILIZAR: 46
RELACIONES INTERPERSONALES 101 47

Capítulo Siete: Buen Uso Del Lenguaje Corporal En Un Buen Liderazgo. 50

Los Líderes Son Sociales 55

APARIENCIA.................. 56
APROXIMACIÓN 57
ATENCIÓN 58

Conclusión 60

Parte 2 61

Introducción 62

Capítulo 1: Desbloqueo Del Adn Del Liderazgo 65

Capítulo 2: Los Tipos De Líderes 70

EL LÍDER LIBERALITA "LAISSEZ-FAIRE LEADER" 70
EL LÍDERAUTOCRÁTICO 71
EL LÍDER PARTICIPATIVO 72
EL LÍDER TRANSACCIONAL 73
EL LÍDER TRANSFORMACIONAL 74

Capítulo 3: Lo Que Necesitas Para Convertirte En Un Líder 77

APRENDA A COMUNICARSE DE MANERA EFECTIVA 77
APRENDA A SER AMIGO DE TODOS 78
APRENDA A INSPIRAR A TODOS 79
APRENDA QUIEN ES SU GENTE 80
APRENDA A TRATAR A LOS DEMÁS COMO INDIVIDUOS 81
APRENDA A HACER LAS COSAS 83
APRENDA A RESOLVER PROBLEMAS METÓDICAMENTE 84

Capítulo 4: Autopercepción Y Gran Liderazgo 86

TODO ESTÁ EN SU CABEZA 86
NO ESTÁ EN LOS DEMÁS 87
NO SE TRATA DE COMPARACIÓN 87
ESTÁ EN SU DISCURSO INTERIOR 87
ESTÁ EN EL FUTURO 88
ESTÁ EN SUS ESFUERZOS 88

Conclusión 90

Parte 1

Introducción

Antes que nada, me gustaría felicitarte por haber dado finalmente el paso hacia la mejora de tu vida al convertirte en un líder más seguro. Tu simple acto de descargar este libro ya demuestra que has tenido suficiente de tus viejas costumbres y ahora estás listo para tomar al toro por los cuernos para lograr y obtener el estatus de liderazgo que mereces. Puedo prometerte que, en este libro, te proporcionaré los pasos y las técnicas esenciales que, de hecho, transformarán tu vida y te ayudarán a aumentar tus habilidades de liderazgo en poco tiempo.

En el mundo crítico de hoy, es fácil perder de vista nuestra autoestima real y permitir que la gente nos pise, por miedo a las críticas y situaciones vergonzosas. No tenemos la confianza para defender nuestras creencias e ideas y, en última instancia, permitir que otros tomen decisiones por nosotros.

El libro comienza tu viaje hacia el autodescubrimiento, enseñándote primero a que te pongas de acuerdo contigo mismo y cómo esos términos autodefinidos afectan la forma en que te perciben los que te rodean. Es importante que entiendas que la confianza en uno mismo no se construye ni se destruye en un día. Por esta razón, es esencial que te tomes el tiempo para pensar y analizar las situaciones cruciales que condujeron a la disminución de la autoconfianza en tu vida.

Una vez que hayas identificado los términos que te han llevado a tu estado actual de confianza, no deberá ser tan difícil reemplazar tu baja autoestima actual con una más empoderada. Esta realización también te preparará para comenzar a implementar los pasos y las técnicas que se enseñan en este libro e inmediatamente comenzarás a transformar tu vida.

Mi intención, al final de estos ocho

capítulos, es que tengas un plan de pasos a seguir que te ayudará enormemente a convertirte en el líder que deseas ser. El libro demostrará que lograr la confianza para convertirse en un buen líder, es algo que es posible para cualquier persona, en cualquier momento de su vida.

¿Estás listo para despedirte del viejo tú? ¿Estás listo para seguir adelante y finalmente convertirte en el líder que siempre quisiste ser?

Si es así, te felicito por dar este paso tan importante para transformar tu vida. Te prometo que si tienes suficiente deseo, con la ayuda de los principios destacados en este libro, podrás lograr no solo el respeto de los demás, sino que serás considerado una figura de autoridad por casi todos los que te rodean.

¡Comencemos este increíble viaje hacia un nuevo tú!

Capítulo uno: Construyendo tu confianza

"

¿Recuerdas lo que es ser un niño?
No, no estoy hablando de la escuela secundaria o la escuela preparatoria, me refiero a ser un niño, como volver a la escuela preescolar o el primer día de guardería. La razón por la que quiero que vuelvas al momento en que eras un niño pequeño es porque quiero que recuerdes el sentimiento de invencibilidad con el que todos nacemos.

¿Sabes de lo que estoy hablando? Es la sensación que te hizo pensar que podrías crecer para convertirte en un superhéroe y salvar el mundo, o que si te subes a tu trampolín lo suficientemente fuerte, podrías despegar y volar como Superman. Desafortunadamente para muchos de nosotros, esos pocos momentos fugaces de nuestra infancia fueron la última vez que realmente sentimos una verdadera confianza.

Este simple ejercicio mental de transportarte hacia atrás en el tiempo está destinado a ayudarte a darte cuenta de que no naciste de esta manera. Esta versión de ti que ahora quieres cambiar, la que desearías que fuera un poco más abierta y más segura, no eres tú en la forma en que empezaste.

La forma en que te sientes hoy, con miedo, duda e inseguridad que inunda tu mente a cada paso que das, es simplemente una representación externa de todas las cosas que te causaron dolor cuando eras niño. Permíteme intentar explicarlo de esta manera, ¿alguna vez escuchaste a tu médico decir que la fiebre no es una enfermedad?

Entonces, si tener fiebre no es una enfermedad, ¿qué es?
Es un síntoma.

Básicamente, tener fiebre significa que algo está sucediendo dentro de tu cuerpo. Puede ser un síntoma de algo mínimo, como un resfriado, o podría ser un síntoma de algo serio, como el cáncer. Pero la forma en que se presenta al mundo exterior es a través de un aumento de la temperatura que alerta a tu cuerpo de que algo no está bien. Nuestros cuerpos usan síntomas, como la fiebre, para hacernos saber que hay algo que requiere atención seria. Es una forma en que nuestros cuerpos nos protegen y nos notifican que las cosas podrían empeorar si no tomamos medidas.

Tus ansiedades son exactamente lo mismo, son síntomas. El miedo es una forma en que nuestros cerebros nos protegen de situaciones dolorosas o desagradables.

El miedo, la duda y la incertidumbre son respuestas automáticas a situaciones creadas por tu cerebro para protegerte. Estos son los mismos mecanismos de defensa que desencadenan fobias en millones de personas. En este viaje hacia la confianza total en sí mismo, tu primer paso será identificar las situaciones que hacen que tu cerebro desencadene estas respuestas. Una vez que hayas identificado estas situaciones, habrás dado un gran salto para convertirte en un líder eficaz.

Como mencioné anteriormente, este libro te proporcionará siete etapas esenciales que conducen a habilidades de liderazgo confiables. Me gustaría decirte que un paso es más importante que los otros, pero la realidad es que todos serán una contribución crucial para tu viaje.

Etapa Uno: Tratando con la inseguridad.

¿Alguna vez has escuchado a alguien tratar de justificar su falta de confianza diciendo que son tímidos? Estas personas a menudo se escuchan diciendo: "No puedo conocer gente nueva. No es mi culpa, nací con el gen tímido" o "No puedo hablar delante de la clase, soy tímido". Bueno, déjame decirte que estas excusas no son más que una gran carga de TONTERÍAS.

Nadie nace realmente siendo tímido. Cuando somos niños, no tenemos miedo de hablar con nadie. Nuestro deseo de comunicarnos a menudo nos llevaría al punto en que nuestros padres tenían que restringir con quién podíamos hablar. Los niños también son conocidos por su honestidad. ¿Alguna vez ha escuchado el dicho, "si quiere escuchar la verdad, pregúntele a un niño?" Esto se debe a que los niños no temen lo que alguien piense de ellos, su enfoque es divertirse, disfrutar y explorar.

Desafortunadamente, a medida que envejecemos, encontramos situaciones que disminuyen nuestra confianza. Estas situaciones pueden ser momentos embarazosos en los que otros se burlan de nosotros, o situaciones que nos han causado algún tipo de dolor emocional. Con el tiempo, estas situaciones han creado una barrera de protección en nuestros cerebros, que se activa cada vez que nos encontramos en entornos similares.

Por ejemplo: si una vez te le declaraste a la chica hermosa con la que estabas enamorado en el baile de graduación de la escuela secundaria y luego te rechazó en frente de todo tu grupo, esa situación podría haberte causado tanto dolor y vergüenza que tu mente subconsciente creó una barrera de protección para evitar que volvieras a experimentar ese mismo sentimiento. Por lo tanto, es posible que ahora tengas miedo de acercarte y comenzar una conversación con una chica guapa en la calle y pedirle su número de teléfono o una cita.

Comprende que la inseguridad es algo que se ha activado inconscientemente dentro de nosotros en algún momento de nuestras vidas, por diferentes situaciones y circunstancias. Pero también entiende que al igual que estas dudas se han desencadenado, también pueden experimentar el efecto inverso. No hay mejor persona para hacerlo que nosotros mismos.

Etapa dos: dejar de competir por validación.

En este mundo moderno de conectividad constante a las redes sociales, no es de sorprenderse que para la mayoría de las personas, la percepción de la autoestima no depende de ellos mismos, sino de quienes las rodean. Para estas personas, la autoestima no se trata de la forma en que se ven a sí mismas, sino de la forma en que los demás las ven.

Es muy simple, como un niño que busca la validación de su madre después de hacer su primer dibujo. Solo en lugar de la calurosa aprobación que una madre o un ser querido suele otorgar a un niño, las redes sociales están llenas de personas que se nutren de intenciones maliciosas y humillan a otras personas para sentirse mejor.

Cuando se busca la aprobación a través de las redes sociales, no se hace por la validación de aquellos que tienen en mente el mejor interés, sino de las masas sin rostro. Si buscas validación y esperas que te acepten, volverá y te morderá el trasero la mayor parte del tiempo. Y, sin embargo, parece que no puedes dejar de buscar,una y otra vez, la aprobación de otros, muchos de los cuales nunca has conocido.

Bueno, hoy después de leer este libro, esa necesidad desesperada de aceptación deberáacabar y te mostraré cómo, solo sigue leyendo.

Tercera etapa: Mente, cuerpo y alma - lograr el equilibrio

El siguiente paso definitivo en este viaje hacia un liderazgo seguro, es tomar el control. Una de las características principales de una persona con baja confianza en sí misma es su incapacidad para actuar y su incapacidad para cumplir sus decisiones.

En este viaje hacia un liderazgo totalmente seguro, aprenderás acerca de la importancia de definir tus fallas, o "aprender lecciones", como a menudo prefiero llamarlas. Si realmente quieres convertirte en el líder seguro que siempre has querido ser, tienes que estar dispuesto a enfrentar tus miedos. Después de terminar este libro, deberías haber aprendido una manera diferente de ver las cosas; enfrentar tus miedos ya no deberá ser "tierra de nadie" para ti. Te mostraré diferentes maneras en las que puedes preparar tu mente y tu cuerpo en situaciones en las que te encuentres cara a cara con tus mayores temores y cómo superarlos.

Etapa cuatro: Cómo mejorar tus habilidades sociales

Ahora que ya hemos establecido la presencia de una notable falta de confianza en sí mismo y hemos aprendido a reconocerlo y superar estos obstáculos, es hora de que empecemos a avanzar y nos enfoquemos en convertirnos en un líder seguro y adepto socialmente.

¡Tus días como marginado social han llegado a su fin! Recuerda mantener la cabeza en alto mientras te enseño diferentes técnicas que te ayudarán a llevar tus habilidades sociales y de conversación a un nivel completamente nuevo.

Etapa Cinco: Autoconfianza en el trabajo.

Otra área de preocupación es el lugar de trabajo. Uno de los mayores inconvenientes de tener una baja autoestima es la forma en que afecta tu rendimiento laboral y tu potencial para ser un mejor empleado, miembro del equipo y líder de equipo. En el Paso Cinco abordaré este problema exacto, con mucho más detalle. Te daré consejos que puedes utilizar para crear a la persona competente y segura que necesitas ser, para no temerle los desafíos que tu trabajo pueda presentar.

Etapa seis: cómo usar el lenguaje corporal para interactuar.

La confianza en sí mismo tiene que ver con la comunicación, es un hecho que más del 50% de la comunicación de una persona es no verbal. ¿Sorprendido? ¡No lo estés! Piensa en esto como una buena oportunidad para que interactúes con las personas, sin tener que luchar para encontrar las palabras. En el Paso Seis, aprenderás cómo hacer que estas interacciones formen parte de su rutina diaria y a mezclarlas con tu personalidad. Así que prepárate para "brillar como un diamante" y conviértete en la vida de la fiesta.

Etapa siete: socializar como un profesional.

En la etapa final de este programa, aprenderás acerca de la integración social. Nosotros los humanos somos seres muy sociales en nuestro núcleo. Anhelamos la interacción humana, por lo que puede que te resulte difícil ser parte de la sociedad cuando no sabes cómo interactuar con diferentes personas.

Después de terminar este libro, todo quedará en el pasado si sigues y aplicas las técnicas enseñadas. En este paso final, aprenderás acerca de las cinco formas de hacer que las interacciones con las personas que te rodean sean fáciles y naturales.

¿Estás listo para comenzar la verdadera fase de aprendizaje?
¿Eso que acabo de escuchar fue un "sí"?
¡Genial!
¡Vamos a ir al grano!

Capítulo dos: Tratando con la inseguridad.

"No soy lo que me ha sucedido. Soy lo que elijo ser". – Carl Jung

Antes de comenzar con tu lección del capítulo, permíteme comenzar explicándote cómo funcionan los primeros tres capítulos. Las primeras tres etapas son como nuestra sesión de terapia: estos tres capítulos son donde hablamos sobre el origen de tu problema y exploramos en profundidad cómo afecta tu vida. Es importante profundizar en esto porque esta falta de confianza no surgió simplemente una buena mañana. Se desarrolló y se convirtió en algo profundamente arraigado en tu vida y personalidad durante un período de tiempo. Si realmente quieres cambiar, tendrás que entender este principio.

Los pasos en los capítulos son claros y fáciles de entender. Una vez que hayas comprendido el origen de tu inseguridad y poca conversación, te enseñaré una técnica realmente genial que te permitirá aprovecharla y utilizar tu inseguridad como una herramienta de mejora que te preparará para más pasos.

¿Suena demasiado bueno para ser verdad? Sigue leyendo para averiguarlo.

Por ahora, toma un bolígrafo y un pedazo de papel, tendrás que tomar algunas notas sobre esta increíble información que estás a punto de aprender. ¿Lápiz y papel a la mano? ¿¡Que estas esperando!? ¡Está bien vamos!

La inseguridad en pequeñas dosis es bastante normal. Pero tanto usted como yo sabemos que cuando la inseguridad está presente en cada decisión, puede comenzar a interferir con tu vida y tu felicidad. Pensemos en ello: ¿puedes volver a pensar sobre cuándo empezó tu inseguridad? ¿Cuál fue ese evento importante, el momento exacto en que las cosas cambiaron para ti?

Ahora, sé que tu reacción es decir que siempre fue así, pero ya hemos dicho cómo se adquiere la inseguridad. Vamos a tratar de resolver esto. Si aún te sientes estancado, trata de identificar exactamente qué situaciones desencadenan estos momentos de inseguridad: hablar en público, interacción humana simple, pensamientos de que no eres lo suficientemente bueno, o tal vez miedo de un paso social en falso.
¿Qué es?
¿Ya lo tienes?
¿Ese momento único cuando todo cambió?
Esa persona, ¿quién dijo algo o hizo algo que te hizo sentir como de tres centímetros de alto?
Bueno. Escríbelo.
Ese fue el primer paso para erradicar la inseguridad. El segundo es un poco más complicado. ¿Listo?

El perdón

No estoy hablando de perdonar a las personas que podrían haber implantado estos pensamientos en tu mente. En realidad, no hay nada que perdonar, ya que tú fuiste el único que aceptó estos pensamientos como verdad y nadie los forzó. Estas personas no son el problema, nunca lo fueron. La peor crítica que tuviste en ese lugar, ese día fuiste tú, y este perdón es una liberación compasiva que necesitas extender a ti mismo.

La vida es algo más que la perfección, y sé que puede ser difícil no responsabilizarse por ese sentimiento abrumador de insuficiencia que permeó ese día. Pero no puedes seguir pasando por esto. No es justo, y no debería ser justo para ti. Así que ¡deja de hacerlo ahora! Es la única forma en que te darás suficiente espacio para convertirte en una mejor persona y un mejor líder. Es la única manera en que puedes seguir adelante.

Perdónate por no ser perfecto; en primer lugar, eso nunca debió haber sido una carga para ti.

Recuerda que la prueba más fehaciente es la prueba de la resiliencia. Ahora que has podido identificar ese evento en particular que te robó la confianza, ¿por qué no sales a recuperar lo que es legítimamente tuyo?

No, no estoy hablando de violencia, estoy hablando de que estás recuperando tus pensamientos. Ahora es el momento en que demuestres que ellos están equivocados: trabaja duro, entrena más duro y conviértete en el ejemplo modelo de todo lo que te dijeron que *no podías.*
Una vez que lo hayas hecho, usa tu conocimiento para enseñar a otra persona a hacer lo mismo. Un buen líder inspira a otros a mejorar sus habilidades y confianza.

Capítulo tres: Deshaciéndote de tu miedo a la autoexpresión

No dejes que los demás te definan. No dejes que el pasado te confine. Toma el control de tu vida con confianza y determinación, y no hay límites en lo que puedes hacer o ser."– Michael Josephson

Como mencioné anteriormente, los humanos son criaturas sociales; dependemos tan fundamentalmente de las opiniones de los demás, que llegamos a un punto donde nuestro éxito personal no está determinado por nuestro propio juicio, sino por el juicio de otra persona. Aquí es donde el peligroso lado opuesto a tus percepciones sociales inherentes de ti mismo, amenaza con ser dictado y racionalizado por otros, o peor, confinado.

Ahora, es importante tener en cuenta que existe una diferencia entre pedir ayuda y solicitar validación. Pedir ayuda, o pedir una opinión, es parte del aprendizaje y también es una forma de mejorar tus habilidades sociales. Puedes pedirle a tu maestro una opinión sobre un artículo que escribiste, o a tus padres para que te ayuden en tu elección de universidad. Los estudios demuestran que si le pides a otra persona un favor pequeño y fácil de realizar, entonces agradéceles por su ayuda, ¡es más probable que te vean como una persona segura de sí misma!

Pedir ayuda es una actividad perfectamente normal. De hecho, es saludable porque le muestra a los demás que sabes lo que quieres y deseas saber más para poder tomar una decisión informada.

Es aquí donde difieren la validación y la solicitud de ayuda o de una opinión.
Validación, en una palabra, es desesperación.

Eres tú, permitiendo que tu propia inseguridad te paralice, en la medida en que no solo ignoras tu propia autoestima, sino también tus propias opiniones. La validación es que estás buscando desesperadamente a alguien, a cualquiera, que te diga *qué* hacer, en lugar de que te proporcione retroalimentación constructiva sobre lo que *ya* estás haciendo.

Para ti, pedir una validación puede no parecer algo malo, porque así es como lo justificas. Haces excusas; explicas que no se trata de validación y que se trata solo de verificar para asegurarte de que estás haciendo las cosas bien. Pero, si estás en esa etapa en la que parece que no puedes confiar lo suficiente como para tomar decisiones personales, por ejemplo, para qué trabajo debes postularte, es probable que estés en el punto en que realmente necesites tomarte unos minutos para pensar y reconsiderar tus procesos de pensamiento y estrategias de toma de decisiones.

Nunca puedes convertirte en un líder verdaderamente seguro si dependes de la opinión de otra persona. No es así como funciona. De hecho, esa es en realidad una etapa del círculo vicioso de la negatividad.

Comienza con la inseguridad, que a su vez, progresa hacia una necesidad de validación, y luego, antes de que te des cuenta, tu necesidad de validación comienza a alimentar tu inseguridad una vez más. Literalmente no hay mayor pérdida de identidad propia.

Si eres alguien que constantemente requiere algún tipo de aprobación o validación de otra persona para todo lo que haces, deja de hacerlo inmediatamente. Solo evitará que tomes las decisiones que finalmente te ayudarán a crecer como persona y vencer cualquier desafío que desees superar. Los líderes toman decisiones, consultan a otros para obtener su opinión y luego siguen esas decisiones con confianza.

Lo que, por supuesto, nos lleva a la pregunta obvia: ¿cómo dejar de pedir una validación si no sabías que lo estabas haciendo?

Bueno, ahí es donde este libro interviene y te indica las tres principales señales de comportamiento que notarás en alguien

que está buscando validación.
¿Listo?

Disculpándose

Suena gracioso, ¿no es así, la idea de que pedir disculpas podría ser algo malo? Bueno, eso es lo que el que pide disculpas que está dentro de ti, quiere que pienses. Pedir disculpas constantemente, si tus opiniones no se adecuan a la norma, es un indicador importante de que estás buscando validación.

Esto no significa que toda disculpa sea un signo de validación. Pedir disculpas puede ser algo bueno o malo, es como una herramienta, depende de lo que está provocando tu disculpa.
Cuando te sientas en la necesidad de disculparte, hazte las siguientes preguntas:
"¿Por qué me disculpo exactamente?"
"¿Por ser diferente?"
"¿Por no estar de acuerdo?"
"¿Por tener una idea u opinión diferente?"

Está perfectamente bien tener una idea u

opinión diferente, eso es normal. Lo que no es normal es tu deseo de estar oculto en la multitud. La mayoría de las personas que buscan validación, la buscan de las masas, para que, pase lo que pase, no resalten.

Nunca te disculpes por dar una opinión; defiende lo que crees, incluso si todos los demás están en contra. Cambiar tu opinión para estar de acuerdo con la de ellos solo te hará parecer necesitado y eliminará cualquier credibilidad que tuvieras en todas tus opiniones futuras.

Así que pregúntate, ¿por qué te disculpas hoy?

Fingir

El siguiente denominador común en la búsqueda de validación de una persona suele ser alguna forma de pretensión. Mientras que ciertos individuos se vuelven pacifistas o peticionarios de disculpas, mientras intentan obtener aprobación, los demás, generalmente aquellos que son un poco más adeptos a la manipulación, descubren que otra forma de obtener aprobación es fingir que no estás seguro de ti mismo, o que finges ser una autoridad. De cualquier manera, el objetivo es usar una persona como frente.

Esta es una tendencia que se observa más notoriamente en las redes sociales porque es más fácil manipular la opinión pública cuando eres tú quien controla el flujo de información. También tiende a ser la generación milenaria que parece responder más a los lugares comunes y complementos, en parte debido a su edad y su necesidad aparentemente insaciable de obtener su validación de las redes sociales. También podría ser en parte debido a que las redes sociales han limitado su exposición al mundo real.

En lugar de ello, trata de ser tú mismo y acéptate como eres y como quieres ser. A veces es bueno falsificar la confianza, pero si lo haces, asegúrate de hacerlo en la vida real y no como una falsa persona en línea. Pruébalo cuando vayas de compras a tu centro comercial favorito o camines por tu parque favorito. Camina con la cabeza y el pecho hacia arriba, el estómago aspirado y cree fehacientemente que puedes hacer cualquier cosa y hablar con quien quieras. Si solo retratas la confianza en diferentes plataformas de redes sociales, podrías crear una realidad disruptiva en ti, que no te ayudará en absoluto en tus interacciones de la vida real. Entonces, en lugar de eso, asegúrate de mostrar confianza en la forma en que hablas, caminas e interactúas en la vida real, en lugar de en las redes sociales.

Neutralidad

El último manerismo notorio que el comportamiento de búsqueda de aprobación tiende a manifestar en las personas, es un sentido de falsa diplomacia. Ahora, este es un paso más allá de la mera pretensión y limita con la tierra del subterfugio. Muchos de estos individuos crecieron al darse cuenta de que quienes son no es exactamente lo que todos quieren que sean, y debido a que están profundamente arraigados a la necesidad de ser lo que todos quieren que sean, se encuentran tomando un terreno moral falso.

En estos casos, notarás que la persona tiende a estar de acuerdo o en desacuerdo no verbal, o con declaraciones no definitivas, para evitar que se le hagan preguntas.

Recuerda, estos no son rasgos definitivos que siempre indicarán la necesidad de validación. Pero al igual que las opiniones que todos tenemos, estos rasgos son indicativos de un panorama más amplio. Es importante que intentes comprender y visualizar esta imagen más grande, ya que te proporcionará algunas de las herramientas que te ayudarán a salir de este mar de desesperación.

Capítulo cuatro: preparándote con tu mente, cuerpo y alma.

"La confianza en sí mismo no se enseña ni se aprende; Se gana al superar tus propias limitaciones". – John Raynolds

Los antiguos filósofos chinos solían creer que la mente y el cuerpo eran dos partes de un todo, como Ying y Yang. Deben trabajar juntos en armonía si el todo iba a prosperar. Aquí, creemos que la confianza en sí mismo es también parte de un todo más grande; solo que aquí el todo es triple, como una trinidad.

La mente y el cuerpo son como el anzuelo y la carnada en un viaje de pesca, ambos necesarios, ambos igualmente importantes, pero también están incompletos sin una caña de pescar (el alma). Por lo tanto, en términos de liderazgo seguro, si bien es importante comenzar físicamente la acción y mentalmente prepararse para ello, es igualmente importante tener la voluntad o el impulso para hacerlo.

La clave para gestionar todas estas partes es aprender a crear ese equilibrio perfecto. Como ejemplo, pensemos en trabajar en nuestras habilidades para hablar en público. Ahora, tener miedo de hablar en el escenario es un miedo muy común, de hecho, es tan común que la mayoría de los estudios lo consideran el temor número uno para la mayoría de las personas, ¡incluso antes de la muerte! Pero lo creas o no, el miedo a hablar en público es mucho más fácil de combatir de lo que piensas. Aquí hay algunos consejos simples que te ayudarán.

Para comenzar, resaltemos las áreas en las que debemos trabajar, como la investigación de temas, los ensayos, o la motivación.

La investigación de temas y los ensayos parecen ser principalmente actividades basadas en la conducta, o componentes controlados por el cuerpo. En términos prácticos, lo son, pero también hay un componente mental, como decidir cómo deseas investigar tu tema, cómo abordar el problema y, lo que es más importante, cómo comenzar el discurso y cómo acercarte a tu audiencia. Crear este equilibrio tiene que ver con el manejo de estas partes y mantenerlas juntas con el alma.

La confianza en sí mismo se basa en los poseedores de una confianza y determinación positivas. Es este impulso y determinación lo que necesitas alcanzar, incluso cuando tienes tu cuerpo y tu mente en su lugar. La positividad y el impulso te permiten aspirar logros que normalmente considerarías fuera de tu alcance. Este sentido de satisfacción personal se materializa con cada pequeño logro que te ayuda a desarrollar una mejor autoestima. También es, en el contexto discutido anteriormente, ese pequeño empujón adicional que necesitas para ver tus ensayos e investigaciones, sin dilaciones ni excusas de ningún tipo.

Básicamente, la mente y el cuerpo trabajan al unísono, como un equipo de fútbol, pero es tu alma quien es el entrenador. Es la voz en tu cabeza la que te empuja a esforzarte e impulsarte un poco más. Ciertos académicos creen que una forma más fácil de lograr que tu "trinidad" adquiera el hábito de trabajar junta, es establecer objetivos específicos. El establecimiento de metas más cortas que puedes lograr, hace que sea más fácil para ti estar en tu camino hacia el panorama general. Esto no solo te permite aprender cómo asignar tu tiempo, energía y habilidades de organización, sino que también te ayuda a lidiar con tus viejos temores. Alcanzar muchos objetivos pequeños ayuda a crear una serie de historias de éxito, a las que siempre puedes referirte.

Recuerda: tú eres la suma de tus elecciones y estas elecciones crean tu vida. Por lo tanto, es muy importante hacer que cada una de ellas cuente.

Capítulo cinco: Comunícate como líder.

"Cuanto más trabajes para ser tú mismo, más probable será que te sientas determinado y significativo en tu vida". – Wayne W. Dyer

Las primeras tres etapas de esta guía de liderazgo seguro hablaron casi exclusivamente de la identificación, aceptación y comprensión de los diversos componentes que conducen a la composición genética de una falta de confianza de sí mismo. Sin embargo, a partir de este punto en adelante, nos centraremos en cómo abordar directamente los problemas que ya hemos identificado.

El número uno de nuestra lista fue el tema de la exclusión social. Una de las consecuencias más comunes de la falta de confianza social es la exclusión social, que por supuesto conduce a una pérdida aún más profunda de la autoestima y, básicamente, simplemente reactiva todo el ciclo de negatividad de nuevo. Como he dicho antes, todos estos componentes se suman a una imagen más grande, y, por lo tanto, es importante que para cambiar el resultado final, primero cambiemos los componentes iniciales.

Empecemos por desglosar las cosas: ¿por qué lidiamos con la exclusión social? Simple, porque por cualquier razón, no encajamos con las opciones sociales actuales que nos rodean. Ahora, hace un par de décadas, esto habría sido un problema real. Por suerte para nosotros, este es el siglo XXI, no es un gran problema en este momento. Con la invención de Internet, ahora tenemos la opción de lanzar una red mucho más amplia para nuestros "amigos", al buscar opciones en línea o en grupos de interés específicos. Si investigas un poco, literalmente puedes encontrar una comunidad para todo; desde la colección de sellos hasta los juegos internacionales: lo que sea, e Internet encontrará una manera de permitirte ponerte en contacto.

Sin embargo, lo que es más importante es cómo manejas estas interacciones basadas en la comunidad. Una vez que hayas encontrado a tu gente, o al menos, una vez que hayas encontrado un grupo más pequeño de personas con las que podrías esforzarte a mezclarte, es imperativo que luego te centres en las interacciones de menor escala que pueden ayudarte a escalar a conversaciones. Si, por otro lado, deseas tomar esta información y usarla en situaciones de la vida real, haciendo cosas tan simples como sonreír o simplemente un gesto de asentimiento, mientras pasas cerca de alguien, para ayudar a construir un posible saludo y posiblemente incluso una conversación. De hecho, mi capacidad de sonreír a extraños al azar, sin ninguna razón, jugó un papel muy importante en mi viaje personal hacia la total confianza en mí mismo. Entonces, asegúrate de sonreír siempre, lo peor que puede pasar es que no te devuelvan la sonrisa. Nada que pueda matarte, así que ahora,

¡regálame una gran sonrisa brillante!

Otro consejo muy importante para tu viaje de 30 días hacia un liderazgo seguro, es rodearse de personas que expresen sus mismas creencias y ambiciones. Estas personas te apoyarán, te motivarán y te reforzarán en tu viaje. Además, asegúrate de evitar a las personas negativas, ya que son la plaga, porque estas personas siempre te harán todo lo contrario alo que te hacen las que son positivas.

Suena bastante fácil, ¿no?
¡Es porque lo es!

Recuerda, una gran parte de la confianza en sí mismo se basa en actualizar los pasos que sabes que debe seguir. En términos de socialización a pequeña escala, trata de concentrarte en mantenerte involucrado. Habiendo dicho esto, intenta evitar estar demasiado involucrado o abrumador; recuerda que estas personas no necesariamente te quieren a ti en sus asuntos las 24 horas, los 7 días de la semana. Encuentratu propósito, trabaja en algo que te interese y busca el crecimiento personal a diario.

Cuando se trata lidiar e interactuar con las personas, aprende a ser un buen oyente. Los buenos oyentes realmente hacen a los mejores amigos y son muy apreciados por la mayoría, así que sé un buen oyente y cuando sientas que estás listo, puedes ser quien comparte. Antes de que te des cuenta, estarás acumulando amistades a la izquierda, derecha, arriba y abajo, y desde todos los lados y esquinas. Tus días de ser la flor de pared permanente, serán cosa del pasado.

Capítulo seis: Habilidades de liderazgo en el trabajo.

"Con la conciencia del propio potencial y la autoconfianza en la capacidad de sí mismo, uno puede construir un mundo mejor". – Dalai Lama

Muchas personas asumen erróneamente que los problemas de confianza en sí mismos son principalmente problemas de la escuela secundaria juvenil que los "adolescentes" necesitan superar. Lo que no ven, desafortunadamente, es que, en su mayor parte, los problemas de confianza en sí mismos pueden comenzar en nuestra adolescencia temprana y tardía, y los efectos nos siguen hasta nuestra edad adulta o, peor aún, a nuestros hogares y oficinas.

Ahora, ya hemos discutido cómo superar las ansiedades sociales. En este capítulo en particular, vamos a concentrarnos en los

problemas del lugar de trabajo, afectados por la falta de confianza en nosotros mismos. Al ilustrar las causas fundamentales y las formas de solucionar estos problemas particulares en la manera en que los verdaderos gerentes de recursos humanos están capacitados, se pueden desarrollar habilidades de liderazgo para la oficina.
¿Listo?

Hay tres aspectos principales según los cuales se juzga el liderazgo en el lugar de trabajo: experiencia, asertividad y relaciones interpersonales. Ahora, estos pueden parecer términos regulares, pero cada una de estas palabras cubre una serie de problemas en el lugar de trabajo, que requieren habilidades muy específicas. Habilidades que vas a necesitar poseer o adquirir para obtener la confianza necesaria para enfrentar tus desafíos diarios.

Experiencia 101

La construcción de experiencia laboral se

considera en realidad una de las partes más importantes de los logros en el lugar de trabajo. Ayuda a resaltar exactamente qué tan bien te las arreglas para trabajar en equipo y bajo el liderazgo de otra persona, así como tu capacidad para lidiar con tareas desconocidas o no deseadas.

Si quieres retratarte como líder, lo más importante es tener confianza en ti mismo. Y, esa confianza en sí mismo solo viene con la experiencia, ya que es casi imposible para alguien llegar a la cima sin ambas cualidades. La experiencia no solo desempeña un papel crucial en tu trabajo, sino también en muchas otras partes de la vida. La experiencia también es un gran refuerzo de confianza porque elimina la duda.

Debo mencionar aquí que es importante entender que la experiencia no es algo que se pueda obtener de la noche a la mañana, sino que se acumula con el tiempo. Obtener experiencia es como liberar una pequeña bola de nieve desde la cima de una montaña nevada muy alta. A medida que la bola de nieve avanza por la montaña, aumenta de tamaño a medida que acumula más y más nieve, hasta que se convierte en esta bola enorme que nada la puede detener. La experiencia y la confianza pueden relacionarse mucho con esta analogía. Nunca empezarás por la parte superior y serás imparable. En vez de ello, constrúyete poco a poco, hasta que tengas el impulso suficiente para convertirte en la persona imparable que deseas ser.

Asegúrate de obtener experiencia haciendo un trabajo bien hecho y tratando bien a las personas, esto asegurará que lo hagas de la manera correcta.

Por ejemplo, cuando trabajes en un equipo, asegúrate de decir "por favor" y "gracias" y asegúrate de hacerlo con frecuencia. Es importante que te asegures de que cada miembro de tu equipo se sienta reconocido y valorado individualmente. Al mismo tiempo, como parte del equipo, recuerde que siempre debes ser comunicativo y atractivo, ya que cuanto más te dejes ver, más se te acercarán posteriormente. Dicho esto, no te pongas demasiado agresivo. Recuerde que las oportunidades de experiencia son como las noches de juegos en la escuela secundaria: se trata del esfuerzo del equipo.

Asertividad 101

Una vez que hayas acumulado un repertorio razonable de experiencia, la siguiente habilidad importante en el lugar de trabajo que necesitas es la asertividad. Ahora, para las personas que ya están trabajando en sus problemas de confianza en sí mismos, sé que la sola idea de ser asertivo en el trabajo puede ser suficiente para darles fuertes palpitaciones. Pero, si realmente quieres elevarte por encima de la multitud, que es la única razón por la que estás haciendo todo este esfuerzo, entonces debes comenzar a usar tu experiencia para impulsarte hacia adelante.

Un buen jefe adora a los empleados inteligentes y abiertos, especialmente cuando esos empleados son capaces de comunicar sus ideas con el resto del equipo de una manera alentadora y efectiva. Una de las mejores maneras de ayudarte a ti mismo a ser asertivo es asegurándote de que estás bien preparado. La preparación previa, ya sea para un estudio individual o una presentación de trabajo, te ayudará a tener la confianza suficiente para explicar claramente tu punto a los demás. Otra forma de ser asertivo es ser positivo y franco en tu opinión. Aquí hay un buen consejo que te ayudará a convertirte en una persona más positiva y creíble al expresar tu opinión.

Si deseas ser más creíble y deseas que tu opinión se tome en serio, asegúrate de evitar usar las siguientes palabras:

- *Podría* - Esto no crea la sensación de que las cosas se harán.
- *Intentar* - Crea la sensación de que las cosas no se harán, ni incluso se tomarán en consideración.
- *Quizás* - Otra de esas palabras que no representa una sensación de seguridad.
- Los tres '-rías'; haría, podría, debería - estas palabras deberán eliminarse de tu vocabulario. Las personas seguras usan palabras más poderosas y asertivas cuando se comunican.

En su lugar, reemplaza estas palabras con las siguientes palabras o frases a utilizar:

- *Tiempo futuro* - crea seguridad de que las cosas se harán.
- *Voy a* - otra de los que te hace pensar que las cosas se harán

- *Absolutamente* - "Estoy absolutamente seguro de que las cosas se harán".
- *Definitivamente*, "Definitivamente voy a hacer esto".

El ejemplo anterior se utiliza para crear una idea de cómo otras personas pueden percibir estas palabras. Siéntete libre de agregar más a tu nuevo vocabulario cuando lo consideres oportuno, pero asegúrate de mantenerlo dentro del mismo contexto.

Relaciones interpersonales 101

Y, finalmente, el último consejo que puedo darte para ayudarte a crear tu nueva personalidad en el trabajo es: nunca olvides la importancia de las habilidades interpersonales. Ahora, las habilidades interpersonales no solo significan que es importante para ti, ser capaz de hablar con los demás. Significa que debe ser capaz de hablar con todos de una manera que les resulte aceptable y que también puedes escuchar y ser accesible cuando vengan a hablar contigo.

Para muchas personas que están tratando de aprender el proceso de comunicación efectiva, es fácil ponerse a la defensiva, pero desafortunadamente muchas veces esta actitud defensiva es percibida por otras personas como una arrogancia, que es una luz roja importante en la oficina. En lugar de ello, intenta usar la regla Positivo Negativo Positivo (PNP) donde intercalas todos los comentarios u observaciones negativos con afirmaciones positivas. Esto no solo te ayudará a expresar tu punto de vista sin ofender a nadie, sino que las afirmaciones positivas ayudarán a los demás a sentir que estás reconociendo sus esfuerzos.

Un ejemplo de la regla de PNP es algo como esto: "Aprecio todo el trabajo arduo que hizo en la propuesta. Encontré varios errores en el discurso, pero sé que los corregirá muy rápidamente. ¡Está haciendo un muy buen trabajo!"
Y ya está: tres cursos intensivos sobre

cómo llevar tu nueva autoconfianza a tu plan de trabajo y cómo usarla para ayudarte a destacar. Ahora, todo lo que queda es que salgas y lo pruebes.

Capítulo Siete: Buen uso del lenguaje corporal en un buen liderazgo.

"Conoce tus poderes. El poder de tus palabras, de tu silencio, de tu mente, de tu lenguaje corporal y de tu propio cuerpo. Contrólalos". – Sonya Teclai

Los seres humanos son seres sociales, esto ya lo hemos establecido, por eso hemos profundizado tanto en cómo se necesita interactuar y en cómo debemos enfocarnos en gran medida en el aspecto de la comunicación efectiva. Lo que dicen, lo que no dicen, e incluso cómo lo dicen, son cosas de las que no hemos hablado mucho. Sin embargo, en realidad es una de las cosas más importantes cuando se trata de crear una total confianza en sí mismo, y eso es el lenguaje corporal.

Desde el principio de los tiempos, la humanidad ha dependido de los conceptos básicos del lenguaje corporal para comunicar los matices más simples, como el toque de un amante o el toque de un amigo. Estos gestos silenciosos multifacéticos han sido objeto de interpretación humana, hasta tal punto que el cerebro humano ahora asocia ciertas formas de comportamiento con ciertas acciones futuras. Vamos a analizar ese comportamiento y acciones en este capítulo. ¿Qué dice nuestro lenguaje corporal sobre nosotros, y eso es lo que queremos que diga?

Comencemos con las formas comunes de lenguaje corporal que generalmente se ven en personas con baja autoestima. Las personas con baja confianza en sí mismas, o con un bajo sentido de autoestima, tienden a variar entre estar a la defensiva o cerrarse. Ambas características se identifican generalmente por la tendencia a cruzar los brazos o las piernas, una tendencia a encogerse o voltearse cuando se les habla, o peor, una tendencia a parecer distantes cuando se les habla.

Ahora, la ventaja es que TÚ ya no eres parte de este grupo. Entonces, lo más probable es que tu lenguaje corporal ya haya cambiado un poco, pero eso no significa que no puedas hacer algo de trabajo adicional. Recuerde que incluso algunas micro expresiones faciales pueden influir en la interpretación que otras personas puedan tener de ti, a primera vista, por lo que debes asegurarte de que no tengas microexpresiones negativas en absoluto.

Ahora se trata de proyectar unsentido de seguridad, ¡así que actúa como tal! Toma el control de tu cuerpo. Por supuesto, esto no significa que deba tratar de controlar cada músculo de tu cuerpo cuando te comuniques con los demás; eso realmente te hará salir como una persona extraña y socialmente torpe.

Así que en lugar de eso, respira profundo y cálmate. Vas a hacer todo lo que acabo de decir que no parecías estar haciendo, pero lo vas a hacer sin ninguna de las señales indicadoras.

¿Cómo?

Bueno, para empezar, vamos a deshacernos de todas las posturas defensivas a las que eres propenso. No más cruzar los brazos o las piernas, ni contraerse mientras hablas con alguien. En lugar de ello, trata de asegurarte de mantener el contacto visual y realiza movimientos internos sutiles con las manos, si las mueves. Los movimientos de la mano hacia adentro tienden a generar la idea de que estás conectando tus palabras con tu ser real. Esto ayuda a proyectar tu propia confianza a la persona con la que está hablando, que es exactamente lo que quieres hacer.

Puede sonar cliché, pero sonreír también ayuda a cambiar tu lenguaje corporal. Piensa en la persona con la que estás conversando, como tus clientes. Es tu trabajo hacer que se sientan bienvenidos y cómodos. Sonreír, o tener interacciones positivas antes de comenzar una conversación importante, puede ayudarte a construir relaciones mejores y más positivamentecargadas.

Saber cómo usar correctamente el lenguaje corporal puede ser una herramienta muy importante que puede ayudarte a interactuar mejor y conocer gente en el camino. Asegúrate de recordar los rasgos más importantes del lenguaje corporal de una persona segura:

- Camina como si fueras el dueño del lugar: con la cabeza y el pecho hacia arriba, el estómago aspirado y sonriendo.
- Mantén contacto visual con quien sea que participe en la conversación. Esto puede ser incómodo al principio, pero cuanto más lo haces, más natural se vuelve.
- Saluda a la gente en la calle, incluso si no obtienes una respuesta.
- Usa gestos con las manos cuando hablas, si está frente a grupos grandes, o incluso uno a uno.
- ¡Asegúrate de DIVERTIRTE!

Los líderes son sociales

"De hecho, la socialización nos brinda las herramientas para cumplir nuestros roles evolutivos. Son nuestros bloques de construcción". – Warren Farrell

Cuanto más envejecemos, más nos damos cuenta de que el mundo tal como lo conocemos, ha cambiado completamente desde nuestra infancia. Hemos pasado de un mundo en el que dependíamos de las pequeñas relaciones con la comunidad y los vínculos con las personas con las que nos hemos rodeado desde la infancia, a uno que funciona a escala global y nos exige que interactuemos con todo tipo de personas de todo el mundo.

La clave para socializar con personas de todas estas culturas diferentes es, simplemente, ser constantemente conscientes de sí mismos. Estar consciente del entorno y de las culturas con las que ahora estás imbuido, te dará una idea concreta de cómo debes interactuar con diferentes culturas sin ofenderlos.

Recuerda, los sentimientos importan; no querrías que alguien fuera insensible a los tuyos, así que no seas insensible a los suyos.

Pero, otras culturas son solo una parte de las variaciones que veremos fuera de nuestra propia puerta. Incluso la comunicación con personas mayores o menores requiere que adaptes un poco tu patrón de habla, para que te comprendan y valga la pena conversar. Para iniciar la conversación, sé amable y comienza con un cumplido. Si no tienesalguno, comienza con una pregunta: las simples sugerencias pueden permitirle a tu invitado sentirse querido y alentado, que es exactamente cómo deseas que se sienta.

Sin embargo, no queda ahí; socializar sin problemas se reduce a tres temas clave: nos gusta llamarlos las tres A de la socialización.

Apariencia

Para empezar, hablemos de la primera A, Apariencia. Es posible que te moleste un poco pensar que te juzgan por cómo te ves o qué te pones. Pero antes de enfadarte, trata de pensar de esta manera: no se te juzga por cómo te ves, sino por cómo eliges presentarte. Recuerda, solo tienes una oportunidad de causar una primera impresión y la mayoría de la comunicación comienza mucho antes de que puedas siquiera pensar en tus primeras palabras. Por lo tanto, es fundamental que tus sugerencias no verbales, como tu apariencia, sean informativas de cómo deseas que te perciban.

Aproximación

Nuestra segunda A también tiene que ver con señales no verbales en cierta medida, ya que se trata de la aproximación que eliges utilizar. Ahora tu aproximación es una mezcla de tu apariencia y tu comunicación inicial. Para resumir las cosas, es cómo te encuentras con la otra parte. Deseas presentarte como un líder seguro de sí mismo, pero no como un líder arrogante. Por lo tanto, es fundamental que te asegures de que tu aproximación sea exactamente como deberá ser.

Atención

Todo lo cual está determinado, en gran parte, por la Afinal- Atención. Tu apariencia siempre puede ser mitigada de alguna manera por tu aproximación, y tu aproximación siempre puede ser atenuada con su atención, porque al final, lo que la gente recuerda es cómo los trataste.

Y eso resume nuestro método de siete pasos para confiar en el liderazgo. Es un viaje turbulento que no siempre será fácil, pero para empezar, si puedes recordar las razones que te llevan a buscar mejorar tu confianza en ti mismo, puede ser un poco más fácil de lo que parece. Después de todo, ¿quién no tiene tiempo para perder unos días para aprender algo que le beneficiará el resto de su vida? ¡Es hora de que aprendas a derribar tus muros y de que lo celebres!

Convertirse en un líder más efectivo puede

ser un viaje hacia afuera, pero la voluntad de cambiar debe venir desde adentro.

Conclusión

¡Gracias de nuevo por descargar este libro! Espero que este libro te haya sido de gran ayuda y que haya sentado las bases para que puedas seguir y crecer día a día. Practica diariamente los principios que se enseñan en este libro y casi puedo garantizarte que comenzarás a ver resultados en unos pocos días. Como a menudodice el gran Tony Robbins.

Parte 2

Introducción

Quiero agradecerte y felicitarte por comprar el libro.

Una de las preguntas más importantes que la humanidad siempre se ha preguntado es: ¿qué hace a un líder efectivo? ¿Por qué la presencia de algunas personas solo exige que se las siga, mientras que otras parecen tener dificultades para que las sigan?

Este libro se centra en cómo ustedpodría desarrollar las cualidades esenciales de un líder. Al decir "desbloquear", debemos definir que es el liderazgo, los diferentes tipos de líderes, las implicaciones de los diferentes tipos de liderazgo y el desarrollo de las cualidades de liderazgo deseadas.

A menudo, los líderes no son reconocidos hasta que eventualmente nos dejan. Si bien se sabe que los grandes líderes inspiran a los empleados e inician movimientos singulares en las organizaciones, su impacto en nuestras vidas sigue subestimándose hasta que desaparecen. ¿Pero necesita usted realmente dejar su empresa actual para que sus contribuciones sean "reconocidas"oficialmente? Más importante aún, ¿necesitamos, como empleados, ver a alguien irse para que lo veamos como un líder?

Hemos conocido a grandes personas, y hemos visto transitara algunas de ellas. Jobs, Mandela, Lincoln e incluso Mao Zedong, son venerados como líderes por derecho propio. Tenemos a Lee KwanYu, Bill Gates, Jeff Bezos, Larry Page y Kwon Oh Hyun como individuos actuales impulsando el liderazgo organizativo y político a nuevas alturas. ¿Necesitamos ser como ellos para ser reconocidos como líderes?

Todos podemos seguir haciendo preguntas sobre el liderazgo, pero un hecho permanece: todos estamos dotados con el potencial para liderar. Debido a eso, también tenemos el potencial de convertirnos en grandes líderes. Si hasreflexionadoen ese pensamiento durante mucho tiempo, ¿no cree que ya sea hora de que usted se haga cargo y

gobierne el mundo?
Este libro le ayudará a desbloquear su potencial. Siéntese y disfrute del paseo.

Capítulo 1: Desbloqueo Del ADN Del Liderazgo

¿Qué tienen los líderes en común? Si realiza una lista de todos los líderes empresariales y enumera todos sus rasgos, solo usted podrá responder esta pregunta estableciendo sus puntos en común. Una mejor manera de responder a esta pregunta es analizar las cualidades de los líderes efectivos utilizando un punto de vista objetivo. Vayamos a través de las diferentes prosecuciones que hacen líderes eficaces.

Los líderes ven el futuro

Los líderes son visionarios. Ellos tienen un hambre constante de conocimiento que está marcado por una intensa curiosidad. Como resultado, tienen su propia visión única del futuro de una empresa y trabajan muy duro para que esto suceda tan pronto como asuman suspuestos. Debido a que su punto de vista es único, los líderes son responsables de una de las principales marcas del liderazgo efectivo: el movimiento coherente.

El movimiento coherente está marcado

por la singularidad, de modo que una mano sabe lo que está haciendo la otra. Y debido a que todos se están moviendo en la misma dirección, el futuro, tal como lo imaginó el líder, está a su alcance.

Los líderes ven resultados

Los líderes siempre buscan resultados. Los líderes siempre entregan resultados. Y los líderes siempre se aseguran de que los resultados ocurran. Una organización tiene que seguir moviéndose. Si es nueva, tiene que alcanzar un hito. Si ha estado allí durante décadas, tiene que mantener su impulso. Pierde el impulso, y podría perderlo todo. Con la densidad de competencia allí afuera en este momento, los líderes siempre se ponen de pie porque nunca sabrán si su competidor está tratando de atraparlos, por una buena razón.

Y cuando se trata de resultados, los líderes se aseguran de que se cumplan los objetivos. Después de todo, ¿para qué un objetivo si no es logrado? Esto trae consigo una característica que un líder eficaz tiene: la toma de decisiones.

Los líderes se comunican

Esto es cierto para algunas organizaciones ahora: algunos líderes ya no tienen tiempo para llegar a la línea frontal y ver cómo van las cosas para ellos. La comunicación es lo suficientemente poderosa como para mover montañas. Cuando un líder cae y habla con aquellas personas que están haciendo el "trabajo sucio", hacen que las cosas se vean bien incluso cuando no es así. El efecto tranquilizador que tienen sobre los empleados es inconmensurable. Además, tienen la oportunidad de reavivar la pasión de uno por la organización.

Al ser capaces de comunicarse, los líderes efectivos generan un factor importante en el desarrollo de los recursos humanos: el fortalecimiento de los demás. Si un líder puede empoderar a su gente, su gente lo empoderará aún más. La relación de dar y recibir no puede ser negada. En este punto, un líder popular no puede ser un buen comunicador. Si ese es el caso, ¿es él efectivo?

Los líderes desarrollan

Los líderes no solo observan la evolución

de su organización. También observan el desarrollo de su gente. Si las personas ven un crecimiento continuo en sus carreras, se sienten más motivadas para trabajar. Debido a que están motivados para trabajar, se cumplen los objetivos de la organización y la empresa avanza al siguiente hito.

Esta cualidad genera una característica del liderazgo efectivo: construcción de relaciones. Si los líderes buscan desarrollar su personal, ellos podrán ser capaces de establecer relaciones que ayuden a la empresa a crecer. Si tal relación crece profundamente, ésta genera pasión.

Los líderes guían su conversación

Los líderes tradicionales han sido vistos como comandantes, personas cuya tarea principal es vociferar órdenes a sus subordinados. Ahora no; eso ha cambiado. Actualmente, los líderes son considerados seguidores. Un líder generalmente no obtiene el respeto que necesita si no practica lo que predica.

Si un líder es capaz de guiar su conversación, se vuelve carismático. El carisma es lo que hace que la organización sea móvil. Luego, volvemos al punto de partida: movimiento hacia una meta como una entidad única, con pasión y con relaciones positivas.

Las cualidades de un líder efectivo parecen ser demasiado teóricas arriba. Hasta la fecha, nadie ha venido aaseverar que tiene todas o las mejores cualidades que un líder debería tener. Eso es porque todos estos rasgos son desarrollados. Se adquieren y no se otorgan como un regalo natural. Mientras que las personas que nacen persuasivas, tienen su actitud para trabajar. Y como nadie es perfecto, todos nosotros empezamos desde cero.

En el siguiente capítulo, vamos a conocer los diferentes tipos de líderes y escudriñar su impacto en las organizaciones de hoy en día.

Capítulo 2: Los Tipos De Líderes

La clasificación de los líderes que se encuentra en este capítulo ha estado allí desde que se estableció el concepto de liderazgo. Revisémoslos de todos modos antes de discutir lo que puedehacer usted para desarrollar su potencial de liderazgo.

El Líder Liberalita "Laissez-faire leader"

Hay líderes que no les gusta supervisar a sus empleados. Si bien este tipo de liderazgo es útil en organizaciones donde los empleados están altamente capacitados y tienen mucha experiencia, no es posible encontrar una organización con cero aprendices. Dicen que siempre aprendemos algo nuevo en el trabajo, y eso es cierto. Entonces, ¿qué pasa si hay empleados que necesitan supervisión?

Las implicaciones de este tipo de liderazgo son claras: baja producción, poca eficiencia y mayores costos.

Las personas que creen en este tipo de liderazgo generalmente presentan dos argumentos. Primero, es que los empleados son responsables de su propio aprendizaje. En segundo lugar, los empleados deben ser responsables y explicables de sus propias acciones.

Sin embargo, si no hay nadie que les enseñe, ¿cómo pueden aprender? ¿Y cómo van a saber lo que necesitan aprender? Si también son responsables y explicables de sus acciones, ¿quién sabrá si van más allá de sus límites?

El LíderAutocrático

Hay líderes que forjan un punto para imponer sus decisiones sin consultar a los gerentes o empleados. Desafiarlos es un crimen y evaluar los méritos de su decisión es un delito capital. Como resultado, este tipo de líder está altamente involucrado en las diferentes funciones de su organización, pero no tanto en las de sus empleados.

Las implicaciones de este tipo de liderazgo son las siguientes: sentimientos de impotencia entre los empleados, potencial de desarrollo limitado para empleados talentosos y resistencia hacia quienes toman las decisiones.

Hay personas que creen en este tipo de liderazgo. Ellos dicen que ser autocrático ayuda a solidificar la organización para que actúe con coherencia. También creen que en medio de las diferencias que tienen las personas en la organización; es conveniente equilibrar las cosas confinando la autoridad para la toma de decisiones a un solo cuerpo de personas o a una persona.

Sin embargo, si los empleados se sienten capacitados, parecería que están actuando en contra de su voluntad. No habrá libertad, y se relajarán sobre los asuntos que necesitan decisión. El impacto: retrasó de la productividad hasta que llega la decisión.

El Líder Participativo

También conocido como el Líder Demócrata, el Líder Participativo involucra a los empleados en el proceso de toma de decisiones. Este tipo de liderazgo hace que la moral de los empleados aumente porque los empleados pueden hacer sus propias contribuciones antes de que se implementen las decisiones.

La implicación de este estilo de liderazgo se ve en el entorno laboral. La productividad aumenta, la eficiencia también aumenta y los empleados se sienten generalmente felices en el lugar de trabajo.

Sin embargo, si bien el Liderazgo Participativo parece ser más complaciente por naturaleza, también tiene sus propios inconvenientes potenciales. Idealmente, la decisión final vendrá del líder como resultado de evaluar las diferentes opiniones de los empleados. Si el líder no hace cumplir esa idea, la fuerza de voluntad de los empleados podría abrumarlo y causar parálisis organizativa.

El Líder Transaccional

Este tipo de liderazgo se basa en el modelo de recompensa y castigo. La palabra operativa aquí es "consecuencia". Lo que sucede es que un líder se reúne con los empleados para acordar objetivos organizacionales. Dado que las metas están predeterminadas, se establece un "contrato" entre el líder y los empleados y sobre el acuerdo se establecen metas previamente establecidas.

El resultado de este tipo de liderazgo es el logro de la meta. En efecto, a un líder se le otorga el derecho de revisar y evaluar el desempeño de los empleados y se reserva el derecho de imponer sanciones o recompensas según el resultado.

Si bien este tipo de liderazgo funciona bien en un entorno orientado a resultados, hay un problema: si el "castigo" es punitivo, podría causar temor entre los empleados por no poder cumplir una meta. Tenga en cuenta que el miedo es un motivador que connota resultados negativos.

El Líder Transformacional

Este tipo de liderazgo implica un alto grado de comunicación y visibilidad. Las organizaciones con líderes de este tipo verán a sus gerentes y ejecutivos sumergirse en las operaciones diarias de la compañía. El elemento transformador de este estilo se demuestra al hablar constantemente con los empleados para mejorar el desempeño actual.

La implicación de este tipo de liderazgo es clara: si los líderes están involucrados en alcanzar los objetivos de la empresa, los empleados tienden a trabajar mejor porque la administración también está trabajando con ellos.

En lo que se refiere a los escollos, los líderes transformacionales, cuando no tienen cuidado, pueden sofocar a los empleados. Debido a que se mezclan con los empleados en el lugar de trabajo, los líderes también deben ser tolerantes y comprender las diferentes características de las personas con las que tratan. Si los líderes no son tan sociables, es posible que no puedan darse cuenta de los beneficios de este estilo de liderazgo.

Entonces, al refrescar su memoria sobre los diferentes estilos de liderazgo mencionados anteriormente, ¿qué puede usted deducir? Observe a los líderes actuales en su propia organización y observe cómo ellosparecen abarcar todos los estilos mencionados anteriormente. Comprensiblemente, los estilos de liderazgo dependen del contexto. Hay momentos en que serautocrático es mejor, y hay momentos en que es mejor involucrar a los empleados, etc. La pregunta restante es, entonces, ¿qué necesita usted para convertirse en un líder? La respuesta está en el siguiente capítulo.

Capítulo 3: Lo Que Necesitas Para Convertirte En Un Líder

Sin mucho preámbulo, la respuesta a la pregunta en el capítulo anterior es esta: el aprendizaje. Se dice que el liderazgo es un rasgo adquirido. Algunos nacen con una habilidad aparentemente fluida en persuasión, pero el resto de las habilidades de liderazgo se aprenden en acción. Entonces, ¿qué pasos usted puede tomar? ¿Y qué es exactamente lo que se supone que usted debe aprender?

Aprenda a comunicarse de manera efectiva

La comunicación es importante en todos los entornos en los que nos involucramos. En el trabajo, la comunicación es algo que cierra la brecha entre el desempeño y el logro de objetivos, así que evita estos escollos: hablar mal de las personas porque se sentirán menospreciados, hacer preguntas cerradas porqueno se volverán creativos, usar una autoridad excesiva porque se volverán temerosos, y promover una cultura de unanimidad porque se volverán dependientes.

En cambio, usted podrá comunicarse de manera más efectiva cuando ejerza la audición activa para valorar la idea de cada individuo, cuando muestre gratitud por su apertura y sus contribuciones, cuando proporcione comentarios constructivos para reconocer los diferentes aspectos de su desempeño, cuando no se concentre demasiado en su autoridad y trate a los empleados como sus compañeros, y cuando evite la actitud en blanco y negro de " Yo tengo razón; Tú te equivocas."

Aprenda a ser amigo de todos

Mostrar entusiasmo en el trabajo es contagioso, y la gente espera que la fuente de esto sea su líder. Pero simplemente mostrar una actitud emocionadano es suficiente. De hecho, hay líderes que están distantes hasta el punto de evitar la interacción con los empleados, que son intolerantes al punto de no permitir que ocurran errores, que son injustos al punto de limitar las oportunidades de crecimiento para algunas personas y que son egoístas al punto de poner sus ganancias antes que las de los demás.

Para superar el riesgo y evadir tropiezos en el lugar de trabajo, sea amigable respetando a cada uno de sus empleados y reconociendo sus ideas, sea comprensivo reconociendo que todos cometen errores y que hay espacio para mejorar, sea justo al brindar igualdad de oportunidades para compartir y crecimiento para todos sus empleados y sea una persona de integridad al vincular sus objetivos con los objetivos de sus empleados.

Aprenda a inspirar a todos

Parece difícil inspirar a todos a trabajar por un objetivo en común. Sin embargo, eso es sólo una percepción de base. Esto significa que si usted cree que su grupo no podrá alcanzar la meta; usted será propenso a mostrar comportamientos que no los motivarán. Así que evite estos escollos: no sea demasiado lineal en lo que respecta a las discusiones sobre objetivos, no sea demasiado estricto con respecto a alcanzar el objetivo y nada más, no sea demasiado transversal hasta el punto de reprimir al grupo para perseguir sus objetivos, y no se aleje demasiado para desalentar la comunicación abierta.

En lugar de ser una fuente de desmotivación, vuélvase el faro de inspiración, conviértase en el apoyo definitivo que su grupo necesita, conviértaseen la guía que necesitan cuando se trata de reorientarlos hacia sus objetivos, conviértaseen una fuente de aliento al apreciar hitos de los empleados y esfuerzos adicionales, conviértaseen mediador cuando se trata de desacuerdos grupales sobre el logro de objetivos, y conviértaseen un miembro participativo en las discusiones, y considere las opiniones de todos los demás.

Aprenda quien es su gente

Esto no es algo literal, y se vuelve bastante difícil de hacer si está liderando a un grupo de cien personas. Pero no deje que eso lo detenga. No sea el tipo de líder que se niega a interactuar con diferentes empleados en diferentes niveles, no sea el tipo de líder que ni siquiera reconoce a sus empleados, y que solo lo hará si ve sus identificaciones, y no sea el tipo de líder que permanece en su escritorio todo el día, totalmente ausente a la vista de los empleados.

Para saber quién es su gente, sea un líder que interactúe con todos. El mero gesto de saludar a la gente en el ascensor demuestra ser eficaz para mantener a los miembros motivados. Si es posible, trate de recordar los nombres de las personas en su organización, incluso si solo usted puede ir tan lejos como sus jefes intermedios. En efecto, conozca cada una de las habilidades, cualidades y características de sus miembros. Como consecuencia de lo que haga aquí, podrá aprender el siguiente aspecto en nuestra lista.

Aprenda a tratar a los demás como individuos

Hay líderes que consideran que su gente es un medio para un fin. Ellos usan a otras personas para lograr lo que ellos mismos no pueden hacer. Y como ese es el caso, se espera que su lugar de trabajo se caracterice por personas a ser orientadas. Lamentablemente, no es el caso de los líderes que ignoran las expectativas de cada persona de la empresa, que desalientan la expresión creativa de ideas y métodos de trabajo, que retiran recompensas (incluso a través de cumplidos) y que se niegan a delegar debido a la falta de confianza.

Al actuar de manera opuesta, usted aprenderá a valorar a cada individuo dentro de su equipo o su organización. ¿Cómo? Comience por reconocer que cada persona en la empresa o el equipo tienen un conjunto de expectativas de la misma manera que usted tiene sus expectativas. Sea creativo al introducir nuevas formas de desempeño laboral para aliviar el aburrimiento causado por el trabajo repetitivo. Introduzca incentivos para reconocer la contribución de cada individuo con el equipo u organización. Y, finalmente, aprenda a delegar confianza para que cada miembro del grupo se sienta orgulloso de haber contribuido con el equipo o los logros de la organización.

Aprenda a hacer las cosas

Algunos líderes piensan que debido a que tienen subordinados que trabajan para ellos, pueden sentarse y esperar a que se realice el trabajo. Si bien la delegación de trabajo forma parte de una organización, un líder eficaz es alguien que no se sienta a esperar, que oculta información y que es egoísta en cuanto a compartir conocimientos y habilidades, que está lo suficientemente orgulloso como para buscar asesoramiento, que es indeciso y quien particularmente rechaza las tareas que están fuera de su alcance.

Para convertirse en un buen líder, debe aprender a: tomar la iniciativa convirtiéndose en un modelo al asumir tareas que aún están paraser completadas, comparta sus conocimientos y habilidades para ayudar a las personas que tienen dificultades, pida consejo para fomentar el logro de la meta y la participación entre los miembros de su equipo, sea decisivo, entusiasta y enérgico para ayudar a conseguir las cosas hechas, y diga "no" de manera educada cuando ya tenga suficientes tareas en sus manos.

Aprenda a resolver problemas metódicamente

Ser metódico significa utilizar un enfoque paso a paso para resolver problemas. Esta parte es donde se prueban los seis conceptos discutidos anteriormente a medida de que usted le muestre a su equipo o a su organización su enfoque hacia tiempos difíciles. También le ayudará a demostrar su capacidad para llegar a decisiones efectivas que resuelvan el problema, ayuden a su equipo y ayuden a su organización a avanzar. Entonces, ¿qué debes aprender?

Primero, usted debe identificar el problema de la manera más simple y clara posible. Segundo, necesita reunir suficiente información sobre el problema. Tercero, necesita explorar soluciones. Cuarto, necesita evaluar soluciones. En quinto lugar, debe planificar la implementación de esa solución, y en sexto, debe hacer un seguimiento para medir la efectividad de esa solución.

Tenga en cuenta que los métodos enumerados anteriormente pueden o no involucrar a su equipo o sus empleados. Sin embargo, a la luz de la responsabilidad compartida de la empresa y del conocimiento que poseen sus empleados (algunos de los cuales puede que usted no lo sepa), involucrarlos hace que la resolución de problemas sea un esfuerzo de colaboración.

Los puntos a aprender arriba son todos hermosos, y solo una cosa le impedirá aprenderlos: la auto-percepción. ¿Te consideras un líder capaz? ¿Por qué o por qué no? ¿Quieres ser un líder? Entonces, veamos cómo usted puede cambiar la forma en que se ve a sí mismo en el próximo capítulo.

Capítulo 4: Autopercepción Y Gran Liderazgo

Autoconocimiento: un término que captura de manera precisa la definición de autopercepción. Dado que involucrael conocimiento del yo, implica el conjunto de atributos negativos y positivos. En el contexto del liderazgo, evaluarse a sí mismo como alguien capaz de liderar es tan importante como sus métodos de liderazgo. Si, en este momento, experimenta dudas sobre usted mismo, estos consejos lo ayudarán a usted a ver el lado positivo de convertirse en un líder con un potencial ilimitado.

Todo está en su cabeza

Henry Ford dijo: "Si tanto crees que puedes o piensas que no puedes, tienes razón". Nadie puede disipar sus ideas erróneas, excepto usted. Dese cuenta de que para comenzar a convertirse en un líder, usted necesita una mentalidad sana, y un componente de mentalidad sana muestra que usted puede ser un gran líder.

No está en los demás

Es cierto que nosotros tendemos a seguir las mejores prácticas que los grandes líderes tienen. Los grandes líderes son las personas que respetamos, y no necesariamente aquellas que son ricas y famosas. Pero eso no significa abarcar todos sus atributos clave. También significa cultivar un personaje único mientras usted practica convertirse en un líder. Este personaje único lo diferenciará.

No se trata de comparación

Si usted no cree en su capacidad como líder y si usted sigue comparándose con los demás, terminará concentrándose en los atributos de los que carece. Sepa que usted no puede tenerlo todo. En lugar de sentirse inseguro por lo que no tiene, siéntase seguro por las cosas que usted posee. Estos atributos le ayudarán a moverse hacia la cumbre.

Está en su discurso interior

Lo que usted se dice se convierte en su realidad. Entonces, si usted se dice a si mismo que no puede hacerlo, probablemente no pueda, para siempre. Si usted inhibe su potencial de liderazgo derrotándose con pensamientos contraproducentes, nunca se dará cuenta de sus potenciales. Así que ámese a sí mismo. Ámese tanto para que se anime a convertirse en el tipo de líder que usted debe ser.

Está en el futuro

Aquí es donde las personas exitosas se diferencian de las no lo son: la imaginación. Todos tenemos el poder de imaginar grandes cosas, pero algunos de nosotros solo llegamos lejos y nos quedamos allí para siempre. Otros siguen y siguen hasta convertirse en campeones en su propio campo. Haga su elección: ¿se percibirá usted como una persona estancada en el futuro, o se verá como alguien que inspira a la gente a avanzar?

Está en sus esfuerzos

Sí, usted no es perfecto. Y nadie lo es. Por todo lo que usted sabe, alguien de quien usted tiene envidia puede que también le tenga envidia. Hay una cosa tal como una compensación: es un concepto en psicología que trata de cómo las personas resuelven sus carencias al realizar actividades que capitalizan sus fortalezas. El resultado es notable: las personas que se compensan terminarán amándose a sí mismas no solo por sus logros, sino también por su bajo rendimiento.

No hay un enfoque paso a paso para mejorar su autopercepción. Si has escuchado a alguien decir que usted es responsable de su propio aprendizaje, aquí es donde puede usar eso. Comience por cambiar su mentalidad y todo lo demás lo seguirá. Al final, llegará a donde usted quiere estar. Si está en un rol de liderazgo ahora, pero aún está tratando de descubrir cómo puede mejorar, evaluar sus percepciones sobre usted y su liderazgo es una buena manera de comenzar. James Allen, el autor del popular libro *"Como el hombre piensa"*, dijo: "Hoy estás donde tus pensamientos te han traído; mañana estarás donde tus pensamientos te lleven

Conclusión

¡Gracias de nuevo por comprar este libro sobre cómo desbloquear su potencial ilimitado como un gran líder!

Estoy sumamente emocionado de pasarle esta información, y estoy muy feliz de que ahora haya leído y espero que pueda implementar estas estrategias en el futuro.

Espero que este libro pueda ayudarlo a comprender lo que se necesita para convertirse en el líder que desea ser.

El siguiente paso es comenzar a utilizar esta información y comenzar a aprovechar los beneficios de su nuevo liderazgo.

Si conoce a alguien más que pueda beneficiarse de la información presentada aquí, infórmeles de este libro.

Finalmente, si disfrutó de este libro y siente que ha agregado valor a su vida de alguna manera, tómese el tiempo para compartir sus pensamientos y publicar un comentario en Amazon. ¡Sería muy apreciado!

¡Gracias y buena suerte!

www.ingramcontent.com/pod-product-compliance
Lightning Source LLC
Chambersburg PA
CBHW070032040426
42333CB00040B/1579